UN GUIJARRO EN EL BOLSILLO

THICH NHAT HANH

UN GUIJARRO EN EL BOLSILLO

EL BUDISMO EXPLICADO A LOS NIÑOS

NEKO BOOKS

Título original: *A Pebble for Your Pocket*
Publicado en inglés por Parallax Press, Berkeley, California

Primera edición publicada por Ediciones Oniro en 2003
Primera edición en Neko Books: mayo de 2026

NEKO BOOKS es un sello editorial de Editorial Planeta, S. A.
Avda. Diagonal, 662-664, 08034 Barcelona (España)
www.nekobooks.es
www.planetadelibros.com

ISBN: 978-84-10427-43-3
Fotocomposición: Realización Planeta
Depósito legal: B. 25.006-2026

Impreso en España – *Printed in Spain*

PEFC Certificado
Este libro procede de bosques gestionados de forma sostenible
PEFC
PEFC/14-38-00305
www.pefc.es

SUMARIO

El cosmos está lleno de piedras preciosas
así como nuestro interior.
Deseo ofrecerte un puñado, querido amigo.
Sí, esta mañana quiero ofrecerte un puñado,
un puñado de diamantes que relucen de la mañana a la noche.
Cada minuto de nuestra vida diaria es un diamante que
[contiene el cielo y la tierra, la luz del sol y los ríos.

THÂY

SOBRE THICH NHAT HANH

Thich Nhat Hanh es un monje budista zen, un activista por la paz, un poeta, un narrador de historias y un querido maestro. Nacido en Vietnam, se convirtió en un monje novicio a los dieciséis años. Sus amigos y discípulos lo llaman afectuosamente *Thây* (maestro).

Thây llegó a Estados Unidos durante la guerra de Vietnam con la intención de poner fin a la lucha y llevar la paz a los países implicados. Ahora vive en Plum Village, una comunidad de monjes, monjas y laicos situada al sur de Francia. Cada año, Thây visita Estados Unidos para dar retiros y conferencias sobre la práctica de ser consciente.

Los visitantes que llegan a Plum Village son recibidos por antiguas casas de piedra, jardines, huertos de árboles frutales, campos de girasoles y maravillosos estanques cubiertos de lotos. Personas de todas las partes del mundo acuden a este lugar para hacer la práctica de caminar, comer, sentarse y respirar de manera consciente. Durante los retiros de verano, Thây dedica la primera parte de sus charlas a los jóvenes. También invita a los niños a participar en muchas de las actividades agradables y conscientes que se ofrecen en Plum Village, entre las que se encuentran: la meditación de la piedrecita, música, arte, teatro y juegos. *Un guijarro en el bolsillo* nació del profundo amor que siente por los niños.

CAPÍTULO 1

¿QUIÉN ES EL BUDA?

Hace algunos años visité un pueblo de la India llamado Uruvela. Hace dos mil seiscientos años, un hombre llamado Siddharta vivió cerca de este pueblo. Siddharta sería más tarde conocido como el Buda.

El pueblo de Uruvela apenas ha cambiado. No tiene grandes edificios, supermercados ni autopistas. Es muy agradable. Los niños que viven en él tampoco han cambiado. Cuando Siddharta residía en este pueblo, los niños que había en él se hicieron amigos suyos y le llevaban comida y pequeños regalos.

Cerca del pueblo pasa un río y Siddharta solía bañarse en él. A orillas del río aún sigue creciendo una hierba llamada kusa. Es la misma clase de hierba que uno de los niños le dio a Siddharta para que la usara como un almohadón sobre el que sentarse. Yo paseé por la orilla del río y corté un poco de hierba kusa para llevármela a casa.

En la otra orilla del río hay un bosque. Es el lugar donde Siddharta se sentó en meditación al pie de un árbol llamado el «árbol de la Bodhi». Fue bajo aquel árbol que se convirtió en el «Buda».

Un Buda es cualquier ser que esté despierto, que sea consciente de todo cuanto ocurre tanto en su interior como a su alrededor, y que comprenda y ame profundamente. Siddharta se convirtió en un ser plenamente despierto: en un Buda. Él es el Buda que hemos aceptado como nuestro maestro. Decía que cada uno de nosotros tiene en su interior la semilla del despertar y que todos somos unos futuros Budas.

Uno de mis estudiantes cuando era muy joven no dejaba de preguntarse: «¿Quién es el Buda?». El estudiante se llamaba Hu y esta es su historia:

Cuando Hu tenía seis o siete años les preguntó a su padre y a su madre si podía ser monje. A Hu le encantaba ir a un templo budista. Solía visitarlo con sus padres durante los días de luna nueva y luna llena para ofrecer al Buda flores, plátanos, mangos y toda clase de frutas exóticas.

En el templo, Hu siempre era tratado con amabilidad. Cuando la gente iba al templo, parecía más relajada y cordial. Hu también sabía que le caía bien al abad. Cada vez que visitaba el templo, el abad le daba un plátano o un mango. Por eso a Hu le gustaba tanto ir allí.

Un día dijo a su madre: «Mamá, quiero ser monje y vivir en el templo». Creo que quería ser monje porque le gustaban los plátanos. No le culpo. En Vietnam hay algunas clases de plátanos que son riquísimos.

A pesar de su corta edad, su padre y su madre decidieron permitirle ingresar en el templo como novicio. El abad entregó a Hu un hábito marrón pequeñito para que se lo pusiera. Vestido con su bonito hábito nuevo, debió de parecer un monje bebé.

Al principio de ser monje, Hu creía que al Buda le encantaban los plátanos, los mangos y las mandarinas porque cada vez que alguien iba al templo llevaba plátanos, mangos, mandarinas y otras frutas y las dejaba frente a la imagen del Buda. La cabecita de Hu llegó a la conclusión de que eso significaba que al Buda le encantaban las frutas.

Una noche esperó en el templo hasta que todos los visitantes se fueron a sus casas. Se quedó de pie sin hacer ningún ruido, ante la puerta de la sala del Buda. Miró a su alrededor para asegurarse de que no hubiera nadie. Después escudriñó la sala del Buda. La estatua del Buda era tan grande como una persona. Para la joven mente de Hu, la estatua era el Buda.

Hu creía que el Buda se sentaba inmóvil como una roca todo el día y que cuando la sala se vaciaba alargaba la mano para coger un plátano. Se quedó allí observando al Buda con la esperanza de verle coger alguno de los plátanos que había apilados ante él. Esperó durante mucho tiempo, pero el Buda no cogió ningún plátano. Hu estaba desconcertado. No podía comprender por qué el Buda no se comía ningún plátano de los que le habían ofrecido.

Hu no se atrevía a preguntárselo al abad por temor a que le considerara un tonto. En realidad, muchas veces nos sentimos así. No nos atrevemos a preguntar algo porque tenemos miedo de que nos llamen tontos. A Hu le pasaba lo mismo. Y como no se atrevía a preguntárselo,

estaba confundido. Yo creo que de haberme encontrado en su situación se lo hubiera preguntado a alguien, pero Hu no lo hizo.

A medida que iba creciendo se le ocurrió un día la idea de que la estatua del Buda no era el Buda. ¡Qué hazaña! Este descubrimiento le hizo muy feliz. Pero, entonces, otra pregunta acudió a su mente: «Si el Buda no estaba ahí, ¿dónde se hallaba entonces? Si el Buda no se encontraba en el templo, ¿dónde estaba?». Cada día veía a personas entrar en el templo e inclinarse ante la estatua del Buda. Pero ¿dónde estaba el Buda?

En Vietnam, los practicantes del budismo de la Tierra Pura creen que los Budas viven en una Tierra Pura situada hacia el oeste. Un día, Hu, al oír por casualidad a alguien decir que la Tierra Pura era el hogar de los Budas, pensó que el Buda vivía en la Tierra Pura y se sintió muy desdichado. ¿Por qué, se preguntaba, el Buda había elegido vivir tan lejos de la gente? Así que esto le llevó a plantearse una nueva pregunta.

Conocí a Hu cuando tenía catorce años y todavía se estaba haciendo esa pregunta. Le expliqué que el Buda no está lejos de nosotros. Le dije que el Buda se encuentra dentro de cada uno. Ser un Buda es ser consciente de lo que ocurre en nuestro interior y a nuestro alrededor a cada momento. El Buda es el amor y la comprensión que cada uno de nosotros llevamos en nuestro corazón. Hu se sintió muy feliz al oírlo.

Cuando Hu se hizo mayor se convirtió en el director de la Escuela para el Trabajo Social en Vietnam. Preparaba a las monjas y monjes jóvenes para que ayudaran a reconstruir los pueblos bombardeados durante la guerra de Vietnam.

Dondequiera que veas amor y comprensión, allí estará el Buda. Cualquier persona puede ser un Buda. No pienses que el Buda es una estatua o alguien con una brillante aureola alrededor de la cabeza o que va cubierto con un manto amarillo. Un Buda es una persona con una gran comprensión y compasión que sabe lo que está ocurriendo en su interior y a su alrededor. Un Buda, tanto si es un hombre como una mujer, tanto si es joven como si ya no lo es, siempre es alguien muy agradable y fresco.

Los numerosos brazos de un bodhisattva

Según mi experiencia, en medio de nuestra vida cotidiana hay Budas y bodhisattvas. Un bodhisattva es una persona compasiva, alguien que se preocupa mucho por ayudar a otros seres, que hace la promesa de convertirse en un Buda.

Las estatuas o las imágenes de los bodhisattvas se representan a veces con muchos brazos para mostrar que un bodhisattva es alguien que puede hacer un millar de cosas a la vez. Además, los brazos de un bodhisattva pueden ser larguísimos y llegar muy lejos, para ayudar a personas de países lejanos. Con dos brazos solo podemos hacer una o dos cosas a la vez. Pero cuando eres un bodhisattva, tienes muchos brazos y puedes hacer un montón de cosas a la vez. La mayor parte del tiempo no vemos todos los brazos de un bodhisattva. Hay que estar muy atento para ver la cantidad de brazos que tiene.

Puede que ya conozcas a alguien que sea un bodhisattva. ¡Es posible! Tu mamá, por ejemplo, podría ser una bodhisattva. Ella hace muchas cosas a la vez. Necesita un brazo para cocinar. ¿No es cierto? Pero al mismo tiempo, como cuida de ti y de tus hermanos y hermanas, necesita un segundo brazo. Y además, como tiene que hacer recados, necesita un tercer brazo. Y como hace muchas más cosas, necesita más brazos, ya que puede que vaya a trabajar o que se ofrezca para colaborar en tu colegio. O sea, que tu mamá podría ser una bodhisattva. Con tu padre ocurre lo mismo. Si observas con más atención a tu madre y a tu padre, descubrirás que tienen más de dos brazos.

No creas que los Budas y los bodhisattvas son seres que existen en el cielo, porque están aquí mismo, a nuestro alrededor. Tú también puedes ser un bodhisattva si piensas en los demás y haces cosas para que los seres sean felices.

Si estás despierto, si estás presente en cada momento, aquí y ahora, tú también eres un Buda. La única diferencia entre el Buda y tú es que él es un Buda todo el tiempo y, en cambio, tú solo lo eres a ratos. Debes vivir, pues, de una forma que des al Buda bebé que hay dentro de ti la oportunidad de crecer. Entonces, el Buda bebé iluminará todas las células de tu cuerpo y empezarás a irradiar su luz.

CAPÍTULO 2

EL ERMITAÑO Y EL MANANTIAL

Me gustaría contarte la historia del encuentro que tuve con el Buda que hay dentro de mí. Cuando era un niño como tú, vivía al norte de Vietnam, en la provincia de Thanh Hoa. A los nueve años vi en la portada de una revista una imagen del Buda en blanco y negro. Estaba sentado sobre la hierba. Tenía una postura preciosa y su expresión era muy tranquila y feliz. Su rostro, sereno y relajado, sonreía ligeramente. Al contemplar la imagen del Buda, yo también me sentí muy tranquilo.

Como cuando era pequeño me di cuenta de que las personas que había a mi alrededor no estaban, normalmente, demasiado serenas ni tranquilas, al ver a aquel Buda con una expresión tan serena y feliz sentado sobre la hierba, quise ser como él. Aunque no conocía nada sobre él o sobre su vida, al ver aquella imagen sentí que amaba al Buda. Después de este episodio, sentí el intenso deseo de convertirme en alguien que pudiera sentarse como él, de una manera tan bella y tranquila.

Un día, cuando tenía once años, el maestro de nuestro colegio nos anunció que iríamos de excursión a la cima de la montaña Na Son para almorzar en el campo. Yo nunca había estado allí. El maestro nos contó que en la cima vivía un ermitaño. Nos dijo que un ermitaño era alguien que vivía solo y practicaba día y noche para llegar a ser como el Buda. ¡Qué fascinante! Como nunca había visto a un ermitaño, estaba muy excitado ante la idea de subir hasta la cima de la montaña y poder conocerlo.

El día anterior a la excursión preparamos la comida para almorzar en el campo. Cocinamos arroz y con él hicimos unas bolitas que envolvimos con hojas de banano. También preparamos una salsa a base de semillas de sésamo, cacahuetes y sal para acompañar las bolitas de arroz. Puede que nunca hayas comido bolitas de arroz con salsa de semillas de sésamo, cacahuetes y sal, pero te aseguro que están riquísimas. También hervimos agua, porque no es seguro beber el agua directamente del río. Tener agua potable para beber es algo maravilloso.

En la excursión participaron ciento cincuenta alumnos. Nos separamos en grupos de cinco. Llevando la comida con nosotros, tuvimos que caminar un buen trecho, unos dieciséis kilómetros, antes de llegar al pie de la montaña. Una vez allí empezamos a ascenderla.

A lo largo del camino había muchos árboles y rocas de gran belleza. Pero no disfrutamos de ellos porque estábamos muy ansiosos por llegar a la cima. Mis amigos y yo caminamos tan deprisa como pudimos, prácticamente fuimos corriendo hasta la cima de la montaña. Cuando era pequeño no sabía como ahora sé lo bonito que es meditar andando: sin prisas, disfrutando solo con cada paso, con las flores, los árboles, el cielo azul y la compañía de los amigos.

Cuando mis amigos y yo llegamos a la cima estábamos agotados. Nos bebimos toda el agua que llevábamos. Pero yo seguía estando ansioso por encontrar al ermitaño. Descubrimos su cabaña hecha con bambú y paja. En el interior vimos una pequeña cama de bambú y un altar construido con el mismo material, pero él no estaba allí. ¡Qué decepción! Pensé que el ermitaño debía de haber oído que iban a subir muchos chicos a la cima de la montaña y, como no le gustaba demasiado hablar ni el barullo, se habría escondido en alguna parte.

Era la hora de almorzar, pero a mí no me apetecía comer porque estaba muy cansado y decepcionado. Pensé que quizá si paseaba por el bosque tendría la oportunidad de encontrar al ermitaño. Cuando era pequeño tenía muchas esperanzas, todo era posible.

Dejé a mis amigos y empecé a subir un poco más la montaña. Al poco de andar por el bosque oí el murmullo del agua. Tú probablemente también lo hayas oído alguna vez. Es como un sonido de carrillones o de un piano tocado con suavidad, muy claro y liviano, como el cristal. Era tan agradable y tranquilo que seguí subiendo la montaña hacia la dirección de aquel encantador sonido, empujado también por mi intensa sed.

Al cabo de poco llegué a un manantial formado entre unas piedras. Sabía que el agua de manantial brota de las profundidades de la Tierra. En el lugar donde manaba el agua, alrededor de la fuente, había un manantial entre grandes rocas de diferentes colores que formaba una pequeña laguna. El agua llegaba hasta el borde de la misma y era tan clara que podía ver el fondo. Parecía tan fresca y apetecible que me arrodillé y, ahuecando las palmas para recogerla, empecé a beber. No puedes imaginar lo feliz que me sentí. El agua era dulcísima. ¡Era tan deliciosa y refrescante...! Me sentí totalmente satisfecho. Ya no tenía ningún deseo, ni siquiera el de conocer al ermitaño. Cuando ya no deseas nada, tienes la sensación más maravillosa de todas, una sensación de dicha.

De pronto pensé que después de todo quizá hubiera visto al ermitaño. Empecé a pensar que él tenía poderes mágicos, que se había transformado en un manantial para que yo pudiera conocerle y que se preocupaba por mí. Este pensamiento me hizo sentir muy feliz.

Me tumbé sobre la hierba que había junto al manantial y miré al cielo. Vi la rama de un árbol recortándose contra el cielo azul. Me sentía tan relajado que me quedé dormido enseguida. No sé cuánto tiempo estuve durmiendo, quizá fueron solo tres o cuatro minutos. Al despertar no sabía dónde estaba, pero al ver la rama del árbol recortándose contra el cielo y el maravilloso manantial, me acordé de todo.

Había llegado el momento de regresar para reunirme con los demás o empezarían a preocuparse por mí. Me despedí del manantial y empecé el descenso. Mientras salía del bosque se formó una frase en mi corazón. Era como un poema de un solo verso: «He saboreado la mejor agua del mundo». Siempre recordaré estas palabras.

Al volver, mis amigos se alegraron de verme. Estaban riendo y charlando, pero yo no tenía ganas de hablar. Aún no estaba preparado para compartir la experiencia del ermitaño y el manantial con ellos. Lo ocurrido era algo muy precioso y sagrado y quería guardármelo para mí solo. Me senté en el suelo y comí en silencio. El arroz y las semillas de sésamo estaban deliciosos. Me sentí sereno, feliz y tranquilo.

Conocí al ermitaño bajo la forma de un manantial. Hasta el día de hoy sigo recordando vívidamente la imagen del manantial y el sonido del murmullo del agua. Es posible que tú también hayas conocido a tu ermitaño, quizá no como un manantial sino como alguna otra cosa igual de maravillosa. Quizá fuera una roca, un árbol, una estrella o una bella puesta de sol. El ermitaño es el Buda que hay en ti.

Quizá no hayas conocido aún al ermitaño, pero si observas tu interior atentamente, el ermitaño que hay en ti se revelará. Está dentro de ti. En realidad, todas las cosas maravillosas que estás buscando —felicidad, paz y alegría— las encontrarás en tu interior. No necesitas buscarlas en ninguna otra parte.

CAPÍTULO 3

EL MOMENTO PRESENTE, UN MOMENTO MARAVILLOSO

«La vida solo está disponible en el momento presente». Se trata de una enseñanza sencilla del Buda, aunque muy profunda. Si alguien os preguntara: «¿Ha llegado ya el mejor momento de vuestra vida?», muchos de vosotros probablemente diríais que el mejor momento de vuestra vida aún está por llegar. Todos tendemos a creer que el mejor momento de nuestra vida aún no ha llegado y que llegará muy pronto. Pero si seguimos viviendo con esta actitud, esperando a que llegue el mejor momento, entonces el mejor momento nunca llegará.

Tal vez creas que tu felicidad está en alguna otra parte, allí o en el futuro, pero en realidad puedes sentir la felicidad ahora mismo. Estás vivo. Puedes abrir los ojos, ver la luz del sol, el precioso color del cielo, la maravillosa vegetación, los amigos y los familiares que te rodean.

¡Este es el mejor momento de tu vida!

Disfrutando de la comida

Muchas veces mientras comemos estamos pensando en otras cosas y no sabemos realmente lo que estamos comiendo. Cuando somos conscientes de estar comiendo, la experiencia es muy agradable. Al sentarte para comer, observa la comida y date cuenta de lo que estás pinchando con el tenedor para metértelo en la boca. Si es una zanahoria, date cuenta de que es una zanahoria lo que estás masticando y no otra cosa. Si es un espagueti, date cuenta de que es un espagueti y no otra cosa, no es tu enfado ni tus pensamientos sobre lo que vas a hacer mañana. Mirar la zanahoria o el espagueti y reconocer lo que estás a punto de comer solo te tomará medio segundo.

«Esto es una zanahoria». «Esto es un espagueti». Es muy importante hacerlo. Cuando observes la comida que estás ingiriendo, si esta aún no se te revela, denomínala por su nombre: «zanahoria» o «espagueti». Después de denominarla por su nombre, la comida se te revelará de pronto.

Si sigues haciendo esto, con el paso del tiempo empezarás a ver la comida que estás tomando con mucha más profundidad. Y llegará un día en el que verás la luz del sol, la nube llena de lluvia y todas las cosas y las personas que han participado en crear los espaguetis y la zanahoria que tienes ante ti.

Cuando te metes la comida en la boca y la masticas con esta clase de atención, estás masticando algo maravilloso. Cuando estás realmente presente al comer, cuando

comes con todo tu corazón y tu cuerpo, te pones en contacto con todo el cosmos. En tu boca tienes la luz del sol, las nubes, la tierra, el tiempo y el espacio. Estás en contacto con la realidad, con la vida.

Después de comer ciruelas, un niño de Plum Village nos explicaba:

> Un día, mientras comíamos ciruelas, nos dedicamos a observar los huesos. Al hacerlo, noté algunos detalles que nunca había visto, como las diversas grietas que los huesos de ciruela tenían. También me di cuenta de que la mayoría estaban cubiertos de pequeños bultitos. Antes tiraba los huesos sin más. Pero ahora algunos de nosotros hemos logrado abrir un hueso y dentro de él hemos descubierto una semilla muy pequeña. ¡Es fantástico! Nunca había abierto un hueso de ciruela. Esto me ha ayudado a estar en el momento presente. Ya no me limito a tirar el hueso y a buscar otra cosa en la que entretenerme. También nos dimos cuenta de que dentro de cada hueso había miles de ciruelos.

El día de Hoy

Tenemos toda clase de días especiales. Hay un día especial para recordar a los padres que se llama el Día del Padre. Hay un día especial para rendir homenaje a nuestras madres que se llama el Día de la Madre. El día de Año Nuevo, el día de la Paz y el día de la Tierra. Un día, un chico que visitaba Plum Village dijo: «¿Por qué hoy no lo declaramos el día de Hoy?».

En este día, en el día de Hoy, no pensamos en el pasado ni en el futuro, solo pensamos en hoy. El día de Hoy es cuando vivimos felizmente en el momento presente. Al comer, sabemos que estamos comiendo. Al beber agua, somos conscientes de estar bebiendo. Al caminar, disfrutamos de veras de cada paso. Al jugar, estamos realmente presentes en nuestro juego.

Hoy es un día maravilloso. Hoy es el día más maravilloso de todos. Lo cual no significa que el día de ayer no lo fuera. Pero ya ha pasado. Ni tampoco significa que mañana no vaya a serlo. Pero mañana aún no ha llegado. Hoy es el único día que tenemos a nuestro alcance, hoy, y podemos cuidar muy bien de él. Por eso es tan importante: el día más importante de nuestra vida.

Así que cada mañana, al despertarte, haz que ese día sea el más importante. Antes de ir al colegio, siéntate o túmbate, inhala y exhala lentamente durante algunos minutos, disfruta del aire que respiras, y sonríe. Estás ahí. Estás contento. Estás tranquilo. Es una forma maravillosa de empezar el día.

Intenta mantener este espíritu vivo todo el día. Acuérdate de volver a tu respiración, de contemplar a las otras personas con bondad, de sonreír y de sentirte feliz con el regalo de la vida. Que hoy tengas un buen día. No es solo un deseo, sino también una práctica.

CAPÍTULO 4

VUELVE A TU ERMITA

Un día decidí ir a unos bellos bosques que hay cerca de la ermita en la que vivo. Me llevé un bocadillo y una manta porque tenía la intención de pasar un silencioso día en soledad en el bosque.

Aquella mañana, antes de salir de la ermita, había dejado todas las ventanas y puertas abiertas para que el sol secara los objetos del interior. Pero durante la tarde el tiempo cambió. El viento empezó a soplar y el cielo se llenó de nubarrones. Al recordar que había dejado las puertas y ventanas de la ermita abiertas, decidí volver enseguida.

Al llegar encontré la ermita en un estado terrible. El interior de la casa estaba frío y oscuro. El viento había tirado todos los papeles que tenía sobre la mesa y los había esparcido por el suelo. El panorama no era nada agradable.

Lo primero que hice fue cerrar las puertas y ventanas. Después encendí una lámpara para que hubiera luz. Y en tercer lugar encendí la chimenea para que el ambiente se calentara. Después de encender el fuego recogí los papeles del suelo, los dejé sobre la mesa y puse una piedra encima para sujetarlos.

Luego me acerqué a la chimenea. El fuego ardía vivamente. Ahora había luz y el ambiente se había caldeado. Me senté y escuché el aullido del viento que venía del exterior. Me imaginé los árboles moviéndose violentamente con el viento y me sentí muy satisfecho. Era agradable estar sentado cerca del fuego. Podía oír mi respiración, mi inhalación y mi exhalación. Me sentí muy a gusto.

En nuestra vida cotidiana hay momentos en los que nos sentimos fatal, muy vacíos y fríos, y no somos felices. Parece como si todo nos saliera mal. Tú probablemente también te hayas sentido así en algún momento de tu vida. Aunque intentemos mejorar la situación con las cosas que hacemos o decimos, nada parece funcionar y pensamos:

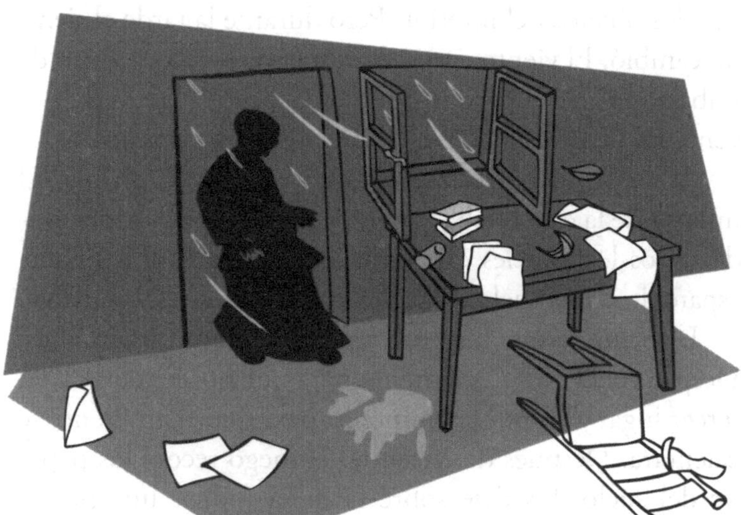

«Este no es mi día». Así era exactamente como me sentía aquel día que me ocurrió aquel percance en mi ermita.

En esos momentos lo mejor que puedes hacer es volver a ti mismo, a tu ermita, cerrar las puertas y ventanas, encender una lámpara y hacer un fuego en la chimenea. Lo cual significa que te has detenido. Ya no estás ocupado persiguiendo, oyendo o diciendo cosas. Has vuelto a ti mismo y te has unido a tu respiración. Esto es lo que significa regresar a tu ermita.

Cada uno de nosotros tiene una ermita en su interior, un lugar en el que refugiarse y respirar. Pero esto no significa que te estés aislando del mundo, sino que estás más en contacto contigo mismo. Respirar es una buena forma de hacerlo. Inténtalo. Detente en el lugar donde estés y nota

tu inspiración y tu espiración. Con cada inspiración, dite a ti mismo: «Al inspirar, estoy en el momento presente». Y con cada espiración: «Al espirar, es un momento maravilloso». Mientras repites estas frases también puedes usar solo las palabras «momento presente» cuando inspires y «momento maravilloso» cuando espires. Respirar de este modo puede hacer que te sientas maravillosamente en tu interior.

Detenerse y respirar de esta manera se llama la respiración consciente o meditar respirando. Respirar de manera consciente hará que tu ermita sea mucho más confortable. Y cuando el interior de tu ermita sea confortable, el contacto que mantengas con el mundo exterior se volverá muy agradable.

Cuando estamos enfadados

Cuando te pasa algo desagradable puedes enfadarte o disgustarte mucho. Es posible que tengas ganas de chillar o de llorar. Quizá tu hermana o tu hermano haya hecho o dicho algo que no te gusta. Sería mejor si pudieras preguntarle serenamente: «¿Por qué has hecho eso?». Pero cuando estás enojado, normalmente solo quieres gritarle o llorar.

Como nos han hecho daño, deseamos decir o hacer algo a esa persona para herirla. Creemos que diciéndole algo cruel nos sentiremos mejor. Pero cuando respondemos con palabras hirientes, esa persona intentará respondernos con algo más cruel. Y ninguna de las dos sabrá cómo detener esa situación.

Cuando alguien te haga enfadar, es mejor no contestarle con palabras. Lo primero que has de hacer es detenerte y volver a tu respiración. Eso es lo que yo hago. Digo: «Al inspirar, sé que estoy enfadado. Al espirar, sé que la ira sigue aún ahí». Y sigo respirando de esta manera durante tres o cuatro respiraciones, y entonces normalmente siento un pequeño cambio, la ira que siento dentro de mí se calma.

Podemos aprender a actuar de una forma que no nos haga infelices a nosotros ni a las personas que nos rodean. Podemos aprender a modificar una situación infeliz y convertirla en una feliz. Pero para lograrlo necesitamos tener un poco de práctica. Aunque en el colegio nos enseñen muchas cosas, no tenemos la oportunidad de aprender en él cómo ser felices o sufrir menos.

Nuestra ira forma parte de nosotros. Cuando estamos enojados no debemos fingir que no lo estamos. Lo que necesitamos hacer es aprender a cuidar de nuestra ira. Una buena forma de cuidar de ella es detenernos y volver a nuestra respiración.

Piensa que tu ira es como un hermanito tuyo que es un bebé. A pesar de lo que él o ella te haya hecho, necesitas tratarle con ternura y amor, como si fueras una madre que tranquiliza a su bebé que llora.

Cuando su hijo llora, una madre lo coge en brazos y lo deja llorar, mientras lo abraza con amor y ternura. Poco a poco el bebé se va tranquilizando hasta que al final deja de llorar. Ella no obliga a su hijo a dejar de llorar, sino que solo le rodea de ternura y calma.

Así es como debes tratar tu ira, con amor y ternura. Cuando estés enfadado, di:

Al inspirar, sé que estoy enojado.
Al espirar, estoy cuidando muy bien de mi ira.

Mientras respiras y dices esto, puede que sigas enfadado. Pero estás a salvo, porque estás abrazando tu ira igual como una madre abrazaría a su bebé que llora. Después de hacerlo durante un rato, tu enfado se irá calmando y serás capaz de sonreír a la ira que hay en ti:

Al inspirar, veo la ira que hay en mí.
Al espirar, sonrío a la ira.

Cuando cuidamos así de nuestra ira, estamos siendo «conscientes». La atención actúa como los rayos del sol. Sin ningún esfuerzo el sol lo ilumina todo, y todo cambia gracias a él.

Cuando exponemos nuestra ira a la luz de la atención, la ira también cambia, como si fuera una flor abriéndose con los rayos del sol.

Una piedrecita para tu bolsillo

A veces cuando te enfadas durante el día es difícil acordarte de detenerte y de respirar. Yo conozco un buen sistema para que te acuerdes de hacerlo cuando estés enfadado o disgustado. En primer lugar, sal a dar un paseo y busca una piedrecita que te guste. Después ve a sentarte cerca del Buda, si hay uno en tu casa, o en el exterior, al pie de un árbol especial o sobre una roca especial, o ve a tu habitación. Sosteniendo la piedrecita en la mano, di:

> Querido Buda:
>
> Aquí tienes mi piedrecita. Cuando tenga un mal día, la usaré para practicar con ella. Siempre que esté enfadado o disgustado, sostendré la piedrecita en mi mano y respiraré profundamente. Lo haré hasta que me sienta tranquilo.

Métete ahora la piedrecita en el bolsillo y llévala contigo siempre. Cuando durante el día te pase algo que te haga infeliz, mete la mano en el bolsillo, sostén la piedrecita y, respirando profundamente, dite a ti mismo: «Al inspirar, sé que estoy enfadado. Al espirar, estoy cuidando muy bien de mi ira». Hazlo hasta que te sientas mucho mejor y puedas sonreír a tu ira.

Meditar caminando

Otra forma maravillosa de tranquilizarte cuando estás disgustado es caminando. Mientras caminamos, nos fijamos en cada paso que damos. Observamos cómo cada pie toca el suelo. La Tierra es nuestra madre. Cuando nos alejamos de la Madre Naturaleza, enfermamos. Cada paso que damos nos permite sentir a nuestra madre, para poder volver a ponernos bien. Como a la Madre Tierra se la ha dañado mucho, es hora de besarla con nuestros pies, con nuestro amor.

Mientras caminas, sonríe: permanece en el aquí y el ahora. Al hacerlo transformarás el lugar en el que estás andando en un paraíso. Camina despacito. No te apresures. Cada paso te ofrece el mejor momento de tu vida, el momento presente.

Si recitas el siguiente *gatha* (poema) mientras caminas, tu paseo será más agradable aún:

Al inspirar, sé que estoy inspirando.
Al espirar, sé que estoy espirando.

A medida que mi inspiración se vuelve más profunda,
mi espiración se vuelve más lenta.

Al inspirar, calmo el cuerpo,
al espirar, me siento tranquilo.

Al inspirar, sonrío,
al espirar, me relajo.

Permaneciendo en el momento presente,
sé que es un momento maravilloso.

Mientras sigues andando y respirando, puedes abreviar el *gatha* en: inspirando/espirando, profundamente/lentamente, calmo/tranquilo, sonrío/me relajo, momento presente/momento maravilloso.

Durante el paseo detente para observar las bellas cosas que hay sobre y debajo de ti, y a tu alrededor. Sigue inspirando y espirando para ponerte en contacto con esas cosas maravillosas. En el momento que dejes de ser consciente de tu respiración, las bellas cosas desaparecerán y tu mente se volverá a llenar de pensamientos y de preocupaciones.

¡Permítete simplemente ser! Permítete disfrutar de estar en el momento presente. La Tierra es tan hermosa... Disfruta del planeta Tierra. Tú también eres bello, eres tan maravilloso como la Tierra. Andar de este modo se llama meditar andando.

Recuerda que mientras caminas no estás yendo a ninguna parte, sin embargo, cada paso que das te ayuda a llegar. ¿A llegar adónde? A llegar al momento presente: a llegar al aquí y al ahora. Para ser feliz no necesitas nada más.

Algunos niños de Plum Village lo expresan así:

GAIA: Meditar andando consiste en notar todo cuanto te rodea. Escuchas tu respiración. Si no caminas siendo consciente de ello, toda tu vida puede pasar ante ti sin que te des cuenta. Sería una pena vivir toda tu vida pensando solo en lo que va a pasarte en el futuro sin advertir nada más, sin haber conocido nunca cómo era el mundo. Sería algo muy triste.

Ty: Para ser consciente hay que tener mucha paciencia. Cuando eres consciente, tu mente se llena de las cosas que te rodean, se llena de tu respiración, sientes las piedras que hay bajo tus pies, esto es ser consciente. Estás en el momento presente, sabes lo que estás haciendo. Sabes que estás andando, que estás andando con Thây. Tu mente no puede irse a otra parte pensando en la cena. Tiene que estar justo en el lugar donde estás. Eso es meditar andando.

Otro niño dijo: Creo que lo especial de meditar andando es que puedes notar todo cuanto te rodea. Lo llevas todo a tu interior, como el cielo azul. Podemos sentir muchas, muchísimas cosas maravillosas.

CAPÍTULO 5

EL ESTANQUE DE LOS LOTOS

En Plum Village, el lugar donde yo vivo en Francia, hay un precioso estanque lleno de lotos. Quizá un día puedas venir a Plum Village y verlo. En verano, el estanque se cubre con cientos de hermosos capullos de flores de loto. Y lo más sorprendente es que todos los lotos del estanque han nacido de una sola semillita. Te explicaré cómo puedes cultivar lotos en un estanque.

Las semillas de loto tienen que sembrarse en una tierra húmeda, ya que en una tierra seca no crecerían. Pero hay un truco para plantar una semilla de loto. Si solo siembras la semilla en el barro no brotará, aunque esperes tres, cinco o diez semanas. Pero tampoco se morirá. Hay semillas de loto de más de mil años que cuando se han sembrado adecuadamente han crecido totalmente. La semilla de loto no brota si solo la pones en el barro porque necesita un poco de ayuda para ello. La semilla de loto es un hueso cubierto con una piel muy dura. Para que pueda brotar ha de penetrar el agua en ella a través de la dura piel. Ese es el secreto. Has de hacer un agujerito en la semilla para que el agua pueda penetrar en ella.

Para que el agua penetre en la semilla, puedes romper la piel exterior cortándola con un cuchillo o frotándola contra una piedra. Si una vez que hayas hecho esto la dejas en el agua o en el barro, al cabo de cuatro o cinco días la semillita germinará y se convertirá en una diminuta planta de loto.

Primero le saldrán algunas hojitas. Al cabo de poco se harán más grandes. La plantita de loto puedes tenerla en tu jardín durante la primavera, el verano o el otoño. Pero cuando haga frío habrás de dejarla dentro de casa, donde seguirá creciendo.

En la primavera sácala de nuevo al exterior y trasplántala a un recipiente mayor para que pueda crecer más aún. Al cabo de un año tendrás ya varias flores de loto, y al cabo de tres tendrás un estanque cubierto con tantos lotos como el que hay en Plum Village.

Como has podido ver, en una semillita hay un gran estanque lleno de lotos. Esa semillita contiene todos los antepasados de la planta de loto: contiene su fragancia y belleza, y todas sus características. A medida que la semilla va germinando y creciendo ofrece todos estos regalos al mundo.

Cada uno de vosotros sois una maravillosa semilla como la semilla del loto. Aunque seáis un poco más grandes que ella, seguís siendo una semilla. En vuestro interior hay comprensión, amor y muchas, muchísimas cualidades. De nuestros antepasados recibimos unas semillas maravillosas. Nuestra capacidad para tocar música o pintar, para correr velozmente o resolver problemas de matemáticas, para hacer trabajos manuales o bailar, procede de las semillas que hemos recibido de nuestros antepasados. También hemos heredado algunas semillas que no son tan bonitas, como las semillas del miedo y de la ira. Estas semillas pueden hacernos muy desdichados y a menudo no sabemos qué hacer con ellas.

Hace algún tiempo, un niño suizo de doce años y su hermanita empezaron a venir con regularidad a Plum Village. Aquel niño tenía un problema con su padre. Estaba muy enfadado con él porque no le hablaba con amabilidad. Siempre que se caía o se hacía daño, su padre en vez de ayudarle y consolarle se enojaba con él. Le decía: «¡Qué estúpido eres! ¿Por qué has hecho una cosa parecida?».

El niño deseaba que su padre le consolara con palabras cariñosas cuando se hacía daño, como es natural. No podía entender por qué le trataba de aquella forma y se prometió a sí mismo que cuando se hiciera mayor nunca actuaría como su padre. Si tenía un hijo, cuando este se cayera e hiciera daño, le ayudaría y le consolaría.

Un día, mientras ese niño contemplaba a su hermana que jugaba con otra niña sobre una hamaca haciéndola balancear de un lado a otro, de repente, la hamaca dio una vuelta completa y las niñas se cayeron al suelo. Su hermana se hizo un corte en la frente. Cuando él vio que estaba sangrando, se puso furioso. Estuvo a punto de gritarle: «¡Qué estúpida eres! ¡Cómo puedes hacerte daño de una manera tan tonta!». Pero como sabía la forma de practicar, se dio cuenta de lo que iba a hacer y volvió a su respiración. Al ver que su hermana se encontraba bien, decidió ir a pasear un poco para practicar la meditación andando.

Mientras meditaba andando descubrió algo maravilloso. Vio que era igual que su padre. Tenía la misma clase de energía que le había empujado a decir palabras crueles. Cuando amas a una persona que está sufriendo, has de ser cariñoso, tierno y servicial con ella en lugar de gritarle movido por la ira. Se dio cuenta de que estuvo a punto de comportarse como su padre. Este fue el descubrimiento que hizo. Imagínate a un niño de doce años practicando de este modo. Comprendió que era una prolongación de su padre y que tenía la misma clase de energía, las mismas semillas negativas.

Al seguir meditando mientras andaba, descubrió que no podía transformar su ira sin practicar, ya que si no practicaba transmitiría la misma energía de la ira a sus hijos. Yo creo que es asombroso que un niño de doce años llegue a meditar tan bien. Hizo estos dos descubrimientos en menos de quince minutos de meditar andando.

Su tercer y último descubrimiento fue que al volver a casa le contaría a su padre lo que había visto. Decidió pedirle que practicara con él para que los dos pudieran transformar la energía que había en ellos. Con este tercer descubrimiento desapareció la ira que sentía hacia su padre porque comprendió que este también era una víctima. Su padre debió de haber recibido esa energía de su propio padre. Como ves, la práctica de observar profundamente para comprender la ira y liberarte de ella es muy importante.

CAPÍTULO 6

LA JOYA PRECIOSA

En el budismo hay una maravillosa imagen del mundo. La imagen muestra un mundo lleno de joyas luminosas y brillantes. Este mundo se llama el Dharmakaya. El Dharmakaya no es distinto del mundo que vemos cada día. Si lo observamos con más atención, descubriremos que nuestro mundo cotidiano está lleno de maravillosos tesoros. Hace mucho tiempo, el Buda contó una historia para recordarnos que esos maravillosos tesoros están siempre ahí para nosotros si somos capaces de verlos.

Había una vez un hombre rico que tenía un hijo muy perezoso. El joven no sabía hacer más que gastar el dinero de su padre. Como era el hijo de un hombre acaudalado, nunca aprendió un oficio ni a ganarse la vida.

El padre temía que cuando él muriera su hijo vendería todo cuanto había en la casa y se convertiría en un pobre. Aunque se esforzó mucho por cambiar a su hijo, al final comprendió que no lo lograría en esta vida.

Sin embargo, quería muchísimo a su hijo y no podía dejar de preocuparse por él. Un día, después de reflexionar mucho sobre ello, tuvo una idea. A la mañana siguiente fue a ver a su sastre y le pidió que le hiciera una chaqueta que abrigara. Una vez terminada, el anciano se la llevó a casa y se la puso cada día para que pareciera usada.

Un día llamó a su hijo y le dijo:

—Hijo mío, cuando yo muera heredarás todo cuanto poseo. Espero que administres bien tu herencia. No obstante, si decides vender mis bienes, te pido solo una cosa. —Y cogiendo la chaqueta le dijo—: Te pido que conserves esta chaqueta y te la pongas cada día. Esto bastará para hacerme feliz.

El hijo contempló la chaqueta usada de su padre. Le resultaría fácil complacerle.

—No te preocupes, padre, te prometo que no la venderé.

Al cabo de poco, el padre murió y el joven heredó toda su fortuna. Y tal como el padre se había imaginado, el hijo vendió todos sus bienes. Sin embargo, mantuvo la promesa y no vendió la chaqueta.

Poco tiempo después, el hijo se había gastado todo el dinero recibido de la venta de los objetos valiosos de su padre. Y tal como su padre había temido, se volvió muy pobre. Sus amigos le fueron abandonando uno tras otro.

Y como no tenía ningún oficio, al cabo de poco se convirtió en un sintecho.

Sin hogar ni amigos, el hijo empezó a vagar de un lugar a otro. Muchas noches tuvo que dormir bajo un árbol sin cenar. Pero seguía teniendo la chaqueta de su padre con la que abrigarse.

Al cabo de muchos años, el hijo seguía aún vagando de un lado a otro sin tener un hogar. Pero un día, mientras estaba tumbado en el suelo, sintió algo duro bajo su cuerpo. Primero creyó que era una piedra, pero al mirar el suelo vio que no había ninguna.

Decidido a averiguar qué era aquel duro objeto, revisó todos los bolsillos de la chaqueta, pero no encontró nada en ellos. Entonces sintió más curiosidad aún y revisó toda la chaqueta para encontrarlo. De pronto notó que había algo dentro del forro de la raída chaqueta. Lo rasgó y para su sorpresa cayó una piedra preciosa de su interior. ¡Su padre la había escondido dentro del forro de la chaqueta!

Después de tantos años de creer que era pobre, el hijo descubrió que era rico. Pero ahora había comprendido la lección. Esa vez no derrocharía su herencia. Se compró una casa y montó un negocio. Empezó a ganarse la vida. ¡Estaba loco de alegría! Agradecido por haber tenido una segunda oportunidad, le gustaba compartir su riqueza con los demás.

Después de contar la historia, el Buda dijo que nosotros somos como aquel hijo. Al igual que él, hemos heredado una gran fortuna, pero al ignorarlo, nos comportamos como si fuéramos pobres. Nosotros tenemos el tesoro de la Iluminación, la comprensión, el amor y la alegría en nuestro interior, y si sabemos cómo volver a descubrir estas cualidades y dejamos que se manifiesten seremos muy felices. Tenemos muchas oportunidades para ser felices, pero seguimos pensando que solo somos un hijo o una hija que vive en la miseria.

Así que ya es hora de que vuelvas para recibir tu herencia. El ser consciente de ella te ayudará a reclamarla. A través de la consciencia verás que dentro del forro de tu chaqueta hay muchas piedras preciosas. Para ver el cielo azul, solo necesitas levantar la vista. Para ver que hoy es un día precioso que merece la pena ser vivido, solo necesitas inspirar y espirar. Para ver que los seres a los que amas siguen estando vivos alrededor de ti y que puedes ser muy muy feliz, solo necesitas inspirar y espirar.

Después de leer la historia del Buda sobre el hombre rico y su hijo escribí este poema:

El cosmos está lleno de piedras preciosas
así como nuestro interior.

Deseo ofrecerte un puñado, querido amigo.
Sí, esta mañana quiero ofrecerte un puñado,
un puñado de diamantes que relucen de la mañana
[a la noche.
Cada minuto de nuestra vida diaria es un diamante
[que contiene
el cielo y la tierra, la luz del sol y los ríos.
Solo necesitamos respirar con suavidad para que el
[milagro se revele:
los pájaros cantando, las flores floreciendo.

Aquí está el cielo azul, aquí está la nube blanca
[flotando
tu preciosa mirada, tu bella sonrisa.

Todo ello contenido en una joya.
A ti, que eres la persona más rica de la Tierra y que
[te comportas
como un hijo que ha caído en la indigencia,
te ruego que vuelvas para recoger tu herencia.

Que nos ofrezcamos unos a otros felicidad
[y aprendamos
a morar en el momento presente.
Que conservemos la vida en nuestros brazos
y abandonemos nuestro olvido y desesperación.

CAPÍTULO 7

FORMAS DE PRACTICAR

Comiendo una naranja

Cuando observas a fondo una naranja, descubres que esta fruta —o, de hecho, cualquier otra— es todo un milagro. Prueba a hacerlo. Coge una naranja y sostenla en la palma de la mano. Inhala y exhala el aire lentamente y observa la naranja como si la estuvieras viendo por primera vez.

Si la observas a fondo, podrás ver muchas cosas maravillosas: el sol brillando y la lluvia cayendo sobre el naranjo, las flores de azahar, el diminuto fruto naciendo de la rama, y el color de la fruta cambiando de verde a amarillo y después a un vivo color naranja. Pélala ahora lentamente. Huele el delicioso aroma que exhala la piel de la naranja. Separa un gajo de la naranja y póntelo en la boca. Saborea su maravilloso jugo.

El naranjo ha tardado tres, cuatro o seis meses en hacer esa naranja para ti. Es un milagro. Ahora la naranja está lista y te dice: «Estoy aquí para ti». Pero si no estás presente, no la oirás. Cuando no observas la naranja en el momento presente, la naranja tampoco está presente. Estar plenamente presente mientras comes una naranja, un helado de cucurucho o cualquier otra cosa es una experiencia muy agradable.

Abrazando un árbol

Cuando tocas un árbol, te da algo muy bello y refrescante. ¡Los árboles son maravillosos! También son muy firmes, incluso en medio de una tormenta. Podemos aprender muchas cosas de los árboles.

Busca algún árbol que te parezca especialmente bello, quizá un manzano, un roble o un pino. Si te detienes y tocas el árbol profundamente, sentirás sus maravillosas cualidades. Respirar profundamente te ayudará a tocar el árbol profundamente. Inhala, toca el árbol y después exhala. Hazlo tres veces. Tocar el árbol de este modo te ayudará a sentirte renovado y feliz.

Después, si lo deseas, abrázalo. Abrazar un árbol es una práctica maravillosa. Cuando lo abrazas, el árbol nunca te rechaza. Siempre puedes confiar en él. Es de fiar. Cada vez que desees verlo, cada vez que necesites su sombra, estará ahí para ti.

En mi hogar de Plum Village he plantado tres cedros. Los planté hace cerca de treinta años y ahora son sumamente grandes y bellos y además muy refrescantes. Cuan-

do practico la meditación andando, normalmente me detengo delante de uno de los cedros y me inclino ante él. Esto me hace sentir feliz. Toco la corteza con la mejilla y huelo el árbol. Levanto la vista para contemplar sus hermosas hojas. Siento la fuerza y el frescor del árbol. Inhalo y exhalo profundamente. Es muy agradable y a veces estoy junto a él durante mucho tiempo disfrutando del delicioso árbol.

Tocando la tierra

En Plum Village hacemos una práctica llamada «Tocando la tierra» cada día. Nos ayuda de muchas formas. Esta práctica a ti también puede ayudarte. Cuando te sientas inquieto o tengas poca confianza en ti mismo, o cuando estés enfadado o seas infeliz, puedes arrodillarte y tocar la tierra profundamente con tu mano. Tócala como si fuera tu objeto favorito o tu mejor amigo.

La tierra ha estado ahí durante mucho tiempo. Es la madre de todos nosotros. Lo conoce todo. El Buda antes de alcanzar el Despertar, mientras experimentaba algunas dudas y temores, pidió a la tierra, tocándola con la mano, que fuera su testigo. La tierra se apareció ante él como una bella madre. Llevando en sus brazos flores y frutas, pájaros y mariposas, y muchos animales distintos, se los ofreció al

Buda. Entonces, las dudas y los miedos del Buda desaparecieron en el acto.

Siempre que te sientas infeliz, acude a la tierra y pídele que te ayude. Tócala profundamente, igual como lo hizo el Buda. De pronto, tú también verás la tierra con todas sus flores y frutos, árboles, pájaros y animales, y todos los seres vivos que ha creado. Ella te ofrece todas estas cosas.

Tienes muchas más oportunidades de ser feliz de las que habías imaginado. La tierra te muestra el amor que siente por ti y su paciencia. La tierra es muy paciente. Te ve sufrir, te ayuda y te protege. Cuando nos morimos, vuelve a acogernos en sus brazos.

Con la tierra estás a salvo. Ella siempre está ahí, bajo todas sus maravillosas expresiones como son: los árboles, las flores, las mariposas y la luz del sol. Siempre que te sientas cansado o infeliz, el tocar la tierra es una práctica excelente para curarte y recuperar la alegría.

El arreglo floral

Cuando reunimos varias flores lo hacemos porque deseamos que la vida sea bella. Cuando sabemos cómo arreglar las flores, sabemos cómo estar con nosotros mismos y con los que nos rodean, porque todos somos flores. Mientras arreglamos las flores, nos estamos arreglando a nosotros mismos.

Para hacer un arreglo floral, en primer lugar necesitas encontrar una flor. Quizá vivas cerca de un jardín o un campo donde puedas coger alguna. Al cogerla puedes mostrar el aprecio que sientes por su presencia y belleza diciéndole «gracias» y sonriéndole. Hazlo antes y después de cogerla. Ponla a continuación en un recipiente con agua fresca para que pueda alimentarse en el acto.

Quizá creas que para hacer un arreglo floral necesitas tener muchas flores, pero en realidad puedes hacer bellos arreglos florales sin tener ninguna. Todo cuanto necesitas es recoger alguna rama del suelo, hojas secas, una piedra, una pluma o un poco de arena. Dales las gracias al igual que has hecho con la flor, siéntate y empieza a reunirlas.

Arregla los elementos que has elegido de tal manera que haya paz y armonía entre ellos. Si respiras y sonríes mientras los arreglas, la sensación de paz que hay tanto dentro de ti como en el interior del arreglo floral crecerá. Pero si solo reúnes los diversos elementos descuidadamente, cuando observes el conjunto desde cierta distancia no te transmitirá una sensación de paz porque las distintas piezas estarán luchando unas con otras.

Cuando arreglas las flores, también estás arreglando el espacio que hay entre ellas y los otros elementos, y alrededor de todo el conjunto. El espacio que hay entre las flores crea una sensación de libertad en nosotros y en el corazón de quienes contemplan el arreglo floral.

Para hacer un arreglo floral se necesita tiempo. No hay por qué apresurarse. Las prisas estropean tu objetivo. Reserva el tiempo suficiente para poder estar muy presente en el proceso. De ese modo, el arreglo floral transmitirá belleza y paz, y será agradable tanto para ti como para cualquier otra persona.

Después de haberlo terminado, tal vez te guste darle algún nombre y decirlo en voz alta. También puedes dibujar tu creación y escribir un título para ella. Si lo deseas, puedes enviarme el dibujo a Plum Village.

He llegado

Thich Nhat Hanh
Arreglo de Betsy Rose

Thich Nhat Hanh tiene comunidades de retiro en todo el mundo en las que monjes, monjas y laicos practican el arte de vivir conscientemente. Si deseas obtener información sobre estos retiros, por favor, escribe a:

Plum Village
13 Martineau
33580 Dieulivol
Francia
plumvillage.org

Blue Cliff Monastery
3 Mindfulness Road
Pine Bush, NY 12566
USA
bluecliffmonastery.org

Magnolia Grove Monastery
123 Towles Rd.
Betesville, MS 38606
USA
magnoliagrovemonastery.org

Deer Park Monastery
2499 Melru Lane
Escondido, CA 92026
USA
deerparkmonastery.org

Para más información en español, puedes visitar estos sitios web:

escuelasdespiertas.org
tnhspain.org
vivirdespiertos.org

thichnhathanh | thichnhathanhsangha
@thichnhathanh | plumvillage.org
thichnhathanhfoundation.org

Esperamos que hayas disfrutado de *Un guijarro en el bolsillo* y, si te ha gustado, nos encantaría que lo compartieras con tus amigos, familiares y todos aquellos que disfruten de un buen libro.

Te invitamos a que sigas explorando el fascinante mundo asiático con nosotros en **Neko Books**.

NEKO BOOKS